Lev Tolstój

Perché la gente si droga?

Alcol, tabacco e la necessità di tacitare la coscienza. Saggio etico

(1890)

a cura di Bruno Osimo

Titolo originale dell'opera: Для чего люди одурманиваются?
Traduzione dal russo delle allieve Greta Sartini, Alice D'Auria, Benedetta Molteni, Alice Spadotto, Aurora Sechi, e dell'allievo Ilie Gutu

Bruno Osimo è un autore/traduttore che si autopubblica
La stampa è realizzata come print on sale da Kindle Direct Publishing, Wrocław
ISBN 9788831462273 per l'edizione cartacea
ISBN 9788831462280 per l'edizione elettronica

Contatti dell'autore-editore-traduttore: osimo@trad.it

Sommario

Traslitterazione

La traslitterazione del russo è fatta in base alla norma ISO 9:

â si pronuncia come 'ia' in 'fiato' /ja/
c si pronuncia come 'z' in 'zozzo' /ts/
č si pronuncia come 'c' in 'cena' /tɕ/
e si pronuncia come 'ie' in 'fieno' /je/
ë si pronuncia come 'io' in 'chiodo' /jo/
è si pronuncia come 'e' in 'lercio' /e/
h si pronuncia come 'c' nel toscano 'laconico' /x/
š si pronuncia come 'sc' in 'scemo' /ʂ/
ŝ si pronuncia come 'sc' in 'esci' /ɕː/
û si pronuncia come 'iu' in 'fiuto' /ju/
z si pronuncia come 's' in 'rosa' /z/
ž si pronuncia come 's' in 'pleasure' /ʐ/

Nota del curatore

In questo saggio del 1890 Lev Tolstoj – all'età di sessantadue anni – mette in guardia l'umanità dai rischi connessi all'ottundimento volontario della coscienza.

Tale ottundimento è realizzato mediante quelle che lui chiama «droghe» – e in questa categoria annovera non solo quelle che chiamiamo droghe anche noi, ma anche alcolici e fumo. In altre parole fa quello che ogni società dovrebbe fare – considerare tutte le sostanze che alterano la coscienza alla stessa stregua, che facciano o no parte della tradizione locale culturospecifica.

La parola che abbiamo tradotto «droga», *durman*, è l'espressione russa per lo stramonio (*Datura stramonium*) e, per estensione, di tutte le sostanze inebrianti.

Un'altra parola che ricorre spesso in questo saggio è quella che abbiamo tradotto «stupefacenti», in russo *odurâûŝij*, participio presente del verbo *odurât'*, che significa «annebbiare la coscienza mediante influenza esterna».

Mi rincresce che la parola suoni un po' burocratica, e per la precisione a me ricorda il gergo dei verbali di polizia, ma d'altra parte l'unica alternativa era «inebrianti», che non è particolarmente vantaggiosa.

Anche quello che Tolstoj ci dice sul fumo è di grande attualità.

Il pericolo di questa "droga" è che ce la si può portare in giro ovunque, non necessita di particolari attrezzature, e – all'epoca in cui il testo è stato scritto – si poteva consumare ovunque, senza limitazioni, solo dopo avere detto la frase di rito «Le dà fastidio?», a cui l'unica risposta beneducata possibile è «No, faccia pure».

I fumatori, allora come ora, approfittano di questo *bug* nella nostra cultura – la beneducazione che impedisce di dire le cose come stanno – e inquinano lo spazio degli altri come non sarebbe ammissibile con altre sostanze inquinanti – odori corporali, per esempio.

Come dice Tolstoj: «Nessuno si permetterebbe di bagnare il pavimento della stanza in cui ci sono delle persone, fare rumore, urlare, far entrare il freddo, il caldo o la puzza, fare cose che disturbano e danneggiano gli altri».

Come succede a tutti i grandi, c'è una parte della produzione letteraria di Tolstoj di gran lunga sottovalutata.

Per fortuna c'è sempre tempo per recuperare il tempo, perduto non leggendo i saggi di Tolstoj.

Buona lettura!

Bruno Osimo

Deiva Marina, 29 dicembre 2020

Perché la gente si droga?

I

Che cos'è l'uso degli stupefacenti – vodka, vino, birra, hashish, oppio, tabacco e altri meno diffusi: etere, morfina, amanita muscaria? Come è iniziato e si è diffuso e continua a diffondersi allo stesso modo tra ogni sorta di gente, selvaggia e civilizzata? Cosa vuol dire che dove non c'è vodka, vino o birra, ci sono oppio, hashish, amanita muscaria e così via, e invece il tabacco è dappertutto? Perché la gente ha bisogno di drogarsi?

Chiedete a qualcuno perché s'è messo a bere e beve tuttora. Vi risponderà: «così, bevono tutti», e aggiungerà anche «per stare allegro». Alcuni però, coloro che non si sono mai presi la briga di pensare se bere vino sia un bene o un male, aggiungeranno anche che il vino è salutare, dà forza, ovvero diranno qualcosa che da tempo si è dimostrato falso.

Chiedete al fumatore perché ha cominciato a fumare tabacco e continua a fumare, e anche lui risponderà «così, per noia, fumano tutti».

Verosimilmente risponderanno allo stesso modo i consumatori di oppio, hashish, morfina e amanita muscaria.

«Così, per noia, per stare allegro, lo fanno tutti». Ma evidentemente, così per noia, per stare allegri, perché lo fanno tutti va bene giocherellare con le dita, fischiettare, cantare delle canzoni, suonare il piffero e così via, ossia si possono fare cose per le quali non bisogna distruggere le ricchezze naturali o impiegare una quantità ingente di forza lavorativa, che non comportino un danno evidente né a noi stessi né agli altri. Infatti per la produzione di tabacco, vino, hashish e oppio, milioni e milioni dei terreni migliori vengono usati, spesso tra popolazioni che necessitano di queste terre, per seminare segale, patate, viti, canapa, papavero e tabacco, e milioni di lavoratori – in Inghilterra un ottavo della popolazione – sono impegnati per tutta la vita a coltivare queste sostanze. Inoltre, l'uso di queste sostanze è ovviamente nocivo, produce danni spaventosi conosciuti a tutti, le cui calamità sono note a tutti, a causa dei quali muoiono più persone che per tutte le guerre e le malattie infettive messe insieme. E questo la gente lo sa; quindi non può essere che si faccia così, solo per noia, per stare allegri, *perché lo fanno tutti*.

Allora dev'esserci qualcos'altro. Immancabilmente e dappertutto si incontrano persone che amano i propri figli, che sono disposte a fare sacrifici di ogni tipo per il loro bene, e nello stesso tempo spendono in vodka, vino, birra, oppio, hashish o anche tabacco quello che o sfamerebbe del tutto i bambini poveri e affamati, o perlomeno li salverebbe dalle privazioni. È evidente che, se una persona messa nelle condizioni di necessità di scegliere tra privazioni e sofferenze della propria famiglia che ama, e l'astinenza da sostanze stupefacenti, sceglie comunque la prima opzione, vuol dire che lo spinge a ciò qualcosa di più importante del fatto che lo fanno tutti e che è piacevole. È evidente che non lo si fa per noia, per stare allegri, ma che c'è un qualche motivo più importante.

Questo motivo, per quanto ne ho potuto capire leggendo su questo argomento e osservando le altre persone e, in particolare, me stesso quando bevevo e fumavo – questo motivo, secondo le mie osservazioni, è il seguente.

Nel corso della vita cosciente, una persona può notare in sé due esseri: uno – cieco e sensuale; l'altro – vedente e spirituale. La creatura animale cieca mangia, beve, riposa, dorme, si riproduce e si muove senza sosta, come un meccanismo avviato; la creatura spirituale vedente legata a quella animale di per sé non fa nulla, valuta solo l'attività della creatura animale; coincide con essa quando ne approva l'attività, o se ne separa quando non approva.

La creatura vedente è paragonabile a una freccia della bussola che punta con un'estremità verso nord e con l'altra al lato opposto – sud, e coperta nella sua estensione da un dischetto, una freccia, invisibile fino al momento in cui ciò che sostiene la freccia si muove nella sua direzione, ma che sporge e diventa visibile non appena devia dalla direzione indicata.

Allo stesso modo, un essere spirituale vedente, la cui manifestazione nel linguaggio comune chiamiamo «coscienza», indica sempre con un'estremità il bene, e con l'altra l'opposto – il male, e non ci è visibile finché non deviamo dalla direzione che viene data dalla coscienza, cioè andando dal male verso il bene. Ma basta fare un atto contrario alla direzione della coscienza, e la coscienza dell'essere spirituale appare, che indica lo scostamento dell'attività animale dalla direzione indicata dalla coscienza. Così come un marinaio non potrebbe continuare a lavorare con i remi, un motore o una vela sapendo che sta andando dalla parte sbagliata, finché non ha dato al suo movimento una direzione corrispondente alla freccia della bussola, senza nascondere a sé stesso lo scostamento, esattamente così chiunque, dopo essersi reso conto dello sdoppiamento della propria coscienza dall'attività animale, non può continuare questa attività finché non la rimette in accordo con la coscienza, o finché non nasconde a sé stesso le indicazioni della coscienza sulla scorrettezza della vita animale.

Tutta la vita umana, si può dire, consiste unicamente in queste due attività: 1) adeguare la propria attività alla coscienza e 2) nascondere a sé stessi le indicazioni della coscienza per poter continuare a vivere. Alcuni scelgono la prima, altri la seconda. Per conseguire la prima – compiere azioni in accordo con la coscienza – esiste un solo modo: l'illuminazione morale, ovvero l'aumento del lume interiore e l'attenzione a ciò che illumina; per la seconda – nascondere a sé stessi le istruzioni della coscienza – ci sono due modi: uno esterno e uno interno. Il metodo esterno consiste in attività che distolgono l'attenzione dalle indicazioni della coscienza; quello interno consiste nell'oscurare la coscienza stessa.

Una persona può nascondere dalla propria vista l'oggetto che si trova davanti a sé in due modi: con la deviazione esterna della sua vista verso altri oggetti più impressionanti, o con l'occlusione degli occhi; analogamente una persona può nascondere a sé stessa anche le indicazioni della propria coscienza in due modi: con il metodo esterno – distogliendo l'attenzione da ogni tipo di attività, preoccupazioni, svaghi e giochi – e con il metodo interno – con l'ostruzione dell'organo stesso dell'attenzione. Alle persone con un senso morale ottuso, limitato, spesso bastano le distrazioni esterne per non vedere le indicazioni della coscienza sulla scorrettezza della vita. Però, alle persone con una moralità sensibile, questi strumenti spesso non sono sufficienti. I metodi esterni non distolgono completamente l'attenzione dalla consapevolezza della discordia della vita dai dettami della coscienza; questa consapevolezza disturba il vivere; e le persone, per poter vivere, ricorrono a un infallibile metodo interno di offuscamento della propria coscienza, che consiste nell'intossicare il cervello con stupefacenti.

La vita non è come dovrebbe essere secondo i dettami della coscienza. Non si ha la forza per ribaltare la vita in conformità a questi dettami. I divertimenti, che distoglierebbero l'attenzione dalla consapevolezza di questa discordia, non sono sufficienti o hanno stancato, ed ecco che per questo, per essere in grado di continuare a vivere, nonostante la coscienza suggerisca che la vita è scorretta, le persone avvelenano, interrompendone momentaneamente l'attività, quell'organo da cui si manifestano le istruzioni della coscienza; proprio come una persona che si ostruisce deliberatamente la vista nasconderebbe a sé stessa ciò che non vuole vedere.

II

La ragione della diffusione mondiale dell'hashish, dell'oppio, del vino, del tabacco non sta nel gusto, nel divertimento, nell'allegria, ma solo nella necessità di nascondere a sé stessi le indicazioni della coscienza.

Una volta ero per la via e, camminando vicino a dei cocchieri che chiacchieravano tra loro, sento uno dire all'altro: «Si sa – da sobri ci si vergogna!»

Da sobri ci si vergogna di ciò di cui non ci si vergogna da ubriachi. Con queste parole si esprime il motivo essenziale, fondamentale per cui le persone ricorrono agli stupefacenti. Le persone vi ricorrono o dopo aver compiuto un atto contro la coscienza, per non vergognarsene, oppure per mettersi in anticipo in una condizione in cui si può compiere un atto che è sì contro la coscienza, al quale però l'uomo è attirato dalla sua natura animale.

Da sobri ci si vergogna di andare dalle donne di malaffare, ci si vergogna di rubare, ci si vergogna di uccidere. L'ubriaco non si vergogna di nulla di tutto ciò e, quindi, se una persona vuole compiere un atto in cui si sente ostacolato dalla coscienza, si droga.

Ricordo che mi ha colpito la testimonianza del cuoco, processato per aver ucciso una mia parente, una vecchia *bàrynâ*[1] alla quale prestava servizio. Lui ha raccontato

---

[1] Femminile di bàrin, signora, donna benestante.

che, quando aveva mandato via la cameriera, sua amante, ed era arrivato il momento di agire, era andato con un coltello nella camera da letto, però sentiva che da sobrio non sarebbe riuscito a commettere il gesto premeditato. «Da sobri ci si vergogna». È tornato indietro, s'è bevuto due bicchieri di vodka tenuti in serbo, e solo allora si è sentito pronto e lo ha fatto.

Nove crimini su dieci avvengono così: «bere per farsi coraggio». La metà delle seduzioni delle donne avviene sotto l'influenza del vino. Quasi tutte le visite alle case chiuse vengono fatte in stato d'ebbrezza. La gente conosce questa proprietà del vino di soffocare la voce della coscienza e la usa consapevolmente a questo scopo.

Non solo le persone si drogano per tacitare la voce della coscienza propria – sapendo come agisce il vino, loro, quando vogliono costringere gli altri a commettere un atto contro la coscienza, li drogano apposta per privarli della loro coscienza. In guerra, quando c'è un combattimento corpo a corpo, ubriacano sempre i soldati. Tutti i soldati francesi negli assalti di Sebastopoli erano ubriachi fradici. Dopo la presa di Geok Tepe, dal momento che i soldati non andavano a saccheggiare e uccidere gli anziani e i bambini indifesi, Skòbelev ordinò loro di ubriacarli, e allora ci andarono.

Tutti conoscono persone che sono entrate nel circolo della droga a causa di crimini che tormentavano la loro coscienza. Tutti possono notare che le persone che vivono in modo immorale sono più propense agli stupefacenti rispetto alle altre. I briganti, le bande di ladri, le prostitute – senza vino non vivono. Tutti sanno e ammettono che consumare stupefacenti è la conseguenza dei rimorsi di coscienza; che in determinate professioni immorali gli stupefacenti si consumano per oscurare la coscienza. Tutti sanno e ammettono anche che il consumo di stupefacenti soffoca la coscienza, che l'ubriaco è capace di compiere atti a cui da sobrio non penserebbe nemmeno. Tutti siamo d'accordo con questo, però – ma che strano! – quando le conseguenze del consumo di stupefacenti non sono azioni come furto, omicidio, stupro, eccetera; quando le sostanze stupefacenti non sono assunte a seguito di qualche crimine grave, ma da persone le cui professioni non consideriamo criminali, e quando non sono assunte tutte in una volta in grande quantità, ma gradualmente con moderazione, allora si presume che per qualche motivo le sostanze stupefacenti non agiscano più sulla coscienza, ottundendola.

Quindi si presume che una persona russa benestante beva ogni giorno un bicchierino di vodka prima di ogni pasto e un bicchiere di vino durante il pasto, un francese – la sua tintura di assenzio e il vino, un inglese – il suo porto e la porter, un tedesco – la sua birra, un cinese benestante si fumi la sua dose moderata di oppio e in questo contesto una fumata di tabacco si faccia solo per piacere e non influenzi per niente la coscienza delle persone.

Si presume che se dopo questa abituale intossicazione non vengono commessi crimini, furti, omicidi, ma i soliti atti, stupidi e cattivi, questi sono accaduti da soli e non sono stati causati dall'intossicazione. Si presume che se queste persone non hanno commesso un crimine, non abbiano motivo di ottundere la loro coscienza, e che la vita che conducono le persone che si drogano abitualmente sia una vita del tutto buona e sarebbe esattamente la stessa anche se non si drogassero. Si presume che il consumo costante di stupefacenti non ottunda affatto la loro coscienza.

Nonostante ognuno sappia per esperienza che consumando vino e tabacco l'umore cambia e si smette di vergognarsi di ciò che senza questa eccitazione faceva vergognare; che dopo ogni rimorso di coscienza, anche se piccolo, si viene attratti da qualsiasi droga, e che sotto l'effetto di stupefacenti è difficile riflettere sulla propria vita e condizione, e che il consumo costante e regolare di queste sostanze porta il medesimo effetto fisiologico, simultaneo e smodato – alle persone che bevono e fumano regolarmente sembra di consumare stupefacenti non per oscurare la propria coscienza ma solo per gusto e piacere.

Ma basta pensarci con serietà e imparzialità, senza trovare delle scuse, per capire che, in primo luogo, se il consumo di stupefacenti in grande quantità ottunde subito la coscienza dell'uomo, il consumo continuo di queste sostanze dovrebbe produrre la medesima reazione, poiché gli stupefacenti agiscono fisiologicamente sempre allo stesso modo, eccitando sempre e poi attenuando l'attività del cervello, che vengano assunti in grandi o piccole dosi; in secondo luogo, che se gli stupefacenti hanno la capacità di offuscare la coscienza, ce l'hanno sempre – anche quando sotto il loro effetto si uccide, si ruba, si usa violenza, quando sotto la loro influenza si dice qualcosa che non si direbbe, si pensa e si percepisce ciò che senza sostanze non si penserebbe né percepirebbe; e in terzo luogo, che se ai ladri, ai briganti e alle prostitute serve consumare gli stupefacenti per ottundere la coscienza, allo stesso modo serve anche alle persone che svolgono professioni non in armonia con la propria coscienza, anche se queste professioni sono considerate dalle altre persone legittime e rispettabili.

In poche parole, non si può non capire che il consumo degli stupefacenti in grandi o piccole quantità in modo periodico o continuo, in cerchie più o meno abbienti, è causato sempre dallo stesso motivo – il bisogno di tacitare la voce della coscienza per non vedere la contraddizione tra la vita e i dettami della coscienza.

III

Solo questa è la causa della diffusione degli stupefacenti, compreso il tabacco, forse il più diffuso e il più nocivo.

Si presume che il tabacco rallegri, rischiari i pensieri, attiri come qualsiasi abitudine, senza produrre in nessun caso quell'azione di tacitare la voce della coscienza, come fa il vino. Ma basta guardare più da vicino le condizioni in cui si sente un particolare bisogno di fumare per accertarsi che l'intossicazione da tabacco, così come quella da vino, agisce sulla coscienza, e che le persone vi ricorrono consapevolmente proprio quando ne hanno bisogno a questo scopo.

Se il tabacco servisse solo a schiarire i pensieri e a rallegrare, non se ne sentirebbe un bisogno così appassionato, specialmente in certi casi specifici, e le persone non direbbero di essere più disposte a stare senza pane che senza tabacco, infatti spesso preferirebbero il fumo al cibo.

Quel cuoco che ha accoltellato la sua *bàrynâ* diceva che, solo quando è entrato nella camera da letto, l'ha sgozzata e lei è caduta, rantolando, il sangue sgorgava a fiotti, allora lui si è spaventato. «Non ce l'ho fatta a continuare a tagliare e sono uscito dalla camera da letto per andare in soggiorno, mi sono seduto e ho fumato una sigaretta» ha detto. Solo quando è stato drogato dal tabacco, ha sentito la forza di tornare in camera da letto e finire di accoltellare la vecchia e frugare tra i suoi beni.

Evidentemente, il suo bisogno di fumare in quel momento non era causato dal volersi chiarire i pensieri né dal desiderio di rallegrarsi, ma dalla necessità di soffocare qualcosa che gli impediva di portare a termine ciò che aveva in mente.

Questo particolare bisogno di intossicarsi col tabacco nei momenti più difficili può essere notato da ogni fumatore. Ricordo che quando fumavo, in certi momenti sentivo un bisogno speciale di tabacco. Erano sempre proprio quando non volevo ricordare ciò che ricordavo – volevo dimenticare, non pensare.

Me ne sto seduto solo, non faccio nulla, so che ho bisogno di mettermi a lavorare, e non voglio – fumo e resto seduto. Ho promesso a qualcuno di essere da lui alle cinque e mi sono attardato da un'altra parte; mi viene in mente che sono in ritardo, però non voglio pensarci – e fumo. Sono irritato e dico cose sgradevoli a una persona e so di sbagliare, e mi rendo conto che devo smetterla, però voglio sfogare la mia irritazione – fumo e continuo ad essere irritato. Gioco a carte e perdo più di quanto mi ero prefissato – e fumo. Mi sono messo in una situazione imbarazzante, ho agito male, ho sbagliato, e devo riconoscere la mia condizione per uscirne, però non voglio confessarlo – do la colpa agli altri e fumo. Scrivo e non sono del tutto soddisfatto di quello che scrivo. Devo smettere, ma voglio finire di scrivere ciò che ho in mente – quindi fumo. Discuto e mi rendo conto che l'interlocutore e io non ci capiamo né possiamo capirci, però voglio esprimere i miei pensieri – continuo a parlare e fumo.

La particolarità del tabacco rispetto agli altri stupefacenti, oltre alla facilità di intossicarsi e alla sua apparente innocuità, risiede anche nella sua, per così dire, portabilità, la possibilità di farne uso in qualsiasi occasione. Per non parlare del fatto che mentre il consumo di oppio, vino, hashish è associato ad alcuni dispositivi che non sempre è possibile avere con sé, si può sempre avere tabacco e carta con sé, un fumatore di oppio e un alcolizzato suscitano orrore, ma una persona che fuma tabacco, non ha nulla di ripugnante – il vantaggio del tabacco rispetto ad altre droghe è che l'effetto di oppio, hashish, vino si applica a tutte le impressioni e azioni ricevute e prodotte in un certo periodo di tempo piuttosto lungo, mentre drogarsi col tabacco può essere circoscritto a ogni singola occasione. Se vuoi fare qualcosa che non bisogna fare – fumi una sigaretta, ti droghi quanto basta per fare ciò che non dovresti, poi torni ad essere lucido e puoi pensare e parlare in modo chiaro;

oppure senti di aver fatto qualcosa che non dovevi fare – un'altra sigaretta, e la fastidiosa consapevolezza di un atto brutto o imbarazzante sparisce, e puoi occuparti di altro e dimenticare.

Ma a parte quei casi particolari in cui ogni fumatore ricorre al fumo non per soddisfare un'abitudine o per passare il tempo, ma come mezzo per ottundere la coscienza per atti che devono essere compiuti o che sono già stati compiuti, non è forse evidente la correlazione stretta tra il modo di vivere delle persone e il loro attaccamento al fumo? Quando iniziano a fumare i ragazzini? Quasi sempre quando perdono la loro innocenza infantile. Come mai le persone che fumano possono smettere di fumare, non appena entrano in condizioni di vita più morali e di nuovo iniziano a fumare non appena si ritrovano in un ambiente corrotto? Perché i giocatori d'azzardo fumano quasi tutti? Perché tra le donne fumano di meno quelle che conducono uno stile di vita corretto? Perché le prostitute e i matti fumano sempre? L'abitudine è abitudine, ma è ovvio che il fumo dipende in una certa misura dalla necessità di ottundere la coscienza e che questo suo obiettivo è raggiunto.

Si può osservare quanto il fumo taciti la voce della coscienza in quasi tutti i fumatori. Ogni fumatore che si abbandona alla sua passione dimentica o trascura le condizioni primarie del vivere comune che pretende dagli altri e che rispetta in tutte le altre occasioni fino a quando la coscienza non è soffocata dal tabacco. Qualsiasi persona con un livello di istruzione medio riconosce che è inaccettabile, scortese, crudele violare, per il proprio piacere, la tranquillità e la comodità, e ancora di più la salute degli altri. Nessuno si permetterebbe di bagnare il pavimento della stanza in cui ci sono delle persone, fare rumore, urlare, fare entrare il freddo, il caldo o la puzza, fare cose che disturbano e danneggiano gli altri. Ma su mille fumatori, nessuno esiterebbe a diffondere fumo malsano in una stanza dove respirano donne non fumatrici e bambini. Se qualcuno vuole accendere una sigaretta e chiede di solito ai presenti «vi dà fastidio?» tutti sanno che è beneducato rispondere «fate pure» (anche se per il non fumatore non può essere gradevole respirare aria contaminata e trovare mozziconi fetidi nei bicchieri, nelle tazze, nei piatti, sui candelabri o anche nei posacenere). Ma se anche gli adulti non fumatori sopportassero il tabacco, per i bambini, ai quali nessuno chiede nulla, non può comunque essere in nessun modo piacevole e salutare. E invece le persone oneste, sotto tutti gli altri aspetti civili, fumano in presenza di bambini, a tavola, in stanze piccole, contaminando l'aria con il fumo del tabacco, senza sentire il minimo rimorso di coscienza.

Di solito si dice – e l'ho detto anch'io – che il fumo facilita il lavoro mentale. E questo è senza dubbio vero se si guarda al lavoro mentale solo in senso quantitativo. A una persona che fuma e quindi smette di valutare e soppesare rigorosamente i propri pensieri, sembra improvvisamente di aver avuto molti pensieri. Ma di pensieri non ne ha avuti assolutamente molti, ha solo perso il controllo dei propri pensieri.

Quando una persona lavora, si rende sempre conto della presenza in sé stessa di due esseri: uno che lavora, l'altro che valuta il lavoro. Più rigorosa è la valutazione, più lento e migliore è il lavoro e, al contrario, se l'essere che valuta è sotto l'influenza della droga, il lavoro è maggiore ma la qualità inferiore.

«Se non fumo non riesco a scrivere. Non mi viene da scrivere, comincio e non riesco a continuare», si sente spesso dire, e lo dicevo anche io. E che cosa significa questo? O che non hai niente da scrivere, o che quello che vuoi scrivere ora non è ancora maturato nel processo creativo, ma comincia ad apparirti solo vagamente, e te lo dice il critico in te che valuta, e non è intossicato dal tabacco. Se tu non fumassi, o abbandoneresti ciò che hai cominciato a scrivere e attenderesti il momento in cui ciò che stai pensando ti diventasse chiaro, oppure proveresti a pensare a ciò che ti viene presentato vagamente, rifletteresti sulle obiezioni che ti si presentano e concentreresti tutta la tua attenzione sul chiarire il tuo pensiero. Invece ti accendi una sigaretta, il critico in te che giudica si droga, e l'indugio sul tuo lavoro sparisce: ciò che da "sobrio dal tabacco" ti sembrava insignificante ritorna a essere significativo; ciò che sembrava poco chiaro non lo è più; le obiezioni che ti si erano presentate scompaiono, e continui a scrivere, e scrivi molto e velocemente.

IV

«Ma davvero un cambiamento così piccolo, minuscolo, come la leggera ebbrezza prodotta dal consumo moderato di vino e tabacco, può produrre una qualunque conseguenza significativa? È chiaro che se una persona si strafà di oppio, hashish e beve vino tanto da cadere e perdere la ragione, le conseguenze di questo drogarsi possono essere molto importanti; ma il fatto che una persona sia sotto il leggerissimo effetto dell'ebbrezza e del tabacco non può in nessun modo avere conseguenze importanti», si dice di solito. Alle persone sembra che un po' di droga, un piccolo obnubilamento della coscienza non possa produrre alcun effetto importante. Ma pensare in questo modo – è come pensare che può essere dannoso sbattere un orologio contro una pietra, ma che se si mette solo un granello nel mezzo del suo meccanismo questo non può danneggiarlo.

Dopotutto il lavoro principale che muove tutta la vita umana non deriva dai movimenti delle mani, delle gambe, delle schiene delle persone, ma dalla coscienza. Perché una persona faccia qualcosa con le gambe e le mani, occorre che prima avvenga un certo cambiamento nella sua coscienza. Ed è proprio questo cambiamento a determinare tutte le azioni successive di una persona. Questi cambiamenti sono sempre minimi, quasi impercettibili. Un giorno Brûllov[2] ha corretto lo studio di un allievo. L'allievo, osservando lo studio modificato, ha detto: «Però, avete ritoccato lo studio appena appena, ed è diventato completamente diverso». Brûllov ha risposto: «L'arte comincia proprio da lì, dove comincia quell'appena appena».

La frase è sorprendentemente vera, e non solo in relazione all'arte, ma a tutta la vita. Si può dire che la vita vera comincia lì, da quell'appena appena, lì dove ci sembra che accadano cambiamenti infinitamente appena appena

---

[2] Pittore russo, 1799-1852.

piccoli. La vera vita non ha luogo dove avvengono grandi cambiamenti esterni, dove le persone si muovono, si scontrano, combattono, si uccidono a vicenda, ma accade solo dove vengono apportati cambiamenti differenziali appena appena.

La vita autentica di Raskòl'nikov non si è compiuta quando ha ucciso la vecchia o sua sorella. Uccidendo proprio la vecchia, e soprattutto sua sorella, lui non ha vissuto la vita vera, ma ha agito come una macchina, facendo ciò che non poteva non fare: rilasciare quella carica che da tempo era in lui. Una vecchia è stata uccisa, l'altra è qui davanti a lui, che ha l'ascia in mano. La vera vita di Raskol'nikov non è avvenuta quando ha incontrato la sorella della vecchia, ma quando non aveva ancora ucciso nessuna vecchia, quando non era nell'appartamento di qualcun altro per uccidere, quando non aveva l'ascia in mano, quando non aveva nel cappotto il cappio al quale la appendeva – quando non aveva ancora pensato alla vecchia ma, sdraiato sul divano, non ragionava assolutamente sulla vecchia e nemmeno sul fatto se si possa o meno, per volontà di una persona, cancellare dalla faccia della terra un'altra persona inutile e dannosa, ma ragionava se gli conveniva ancora vivere a Pietroburgo, se gli conveniva prendere soldi da sua madre e ancora su altre questioni che non riguardavano assolutamente la vecchia. Ed è allora che, in questo àmbito completamente indipendente dall'attività animale, si è deciso se uccidere o meno la vecchia. Le questioni non sono state risolte quando, uccidendo la vecchia, si è trovato con l'ascia davanti all'altra, ma quando non agiva e pensava soltanto, quando funzionava solo la sua coscienza e in quella coscienza sono avvenuti dei cambiamenti appena appena. E poi succede che la massima chiarezza di pensiero è particolarmente importante per la corretta soluzione di una questione che si pone, e quindi un bicchiere di birra, una sigaretta fumata possono interferire nella soluzione della questione, allontanare questa soluzione, possono tacitare la voce della coscienza, contribuire alla soluzione della questione a favore dell'inferiore natura animale, come è successo con Raskòl'nikov.

Questi sono dei cambiamenti appena appena, ma ne derivano le conseguenze più grandi e terribili. A causa di ciò che succederà quando una persona ha deciso e cominciato ad agire, possono cambiare molte cose materiali, possono andare in malora le case, le ricchezze, i corpi delle persone; però non si potrà fare niente di più di ciò che si trova nella coscienza di una persona. I limiti di ciò che può accadere sono dati dalla coscienza. Ma, a causa dei cambiamenti appena appena che avvengono nella sfera della coscienza, possono verificarsi le conseguenze più inimmaginabili nel loro significato, per le quali non ci sono limiti.

Non bisogna pensare che ciò che dico abbia qualcosa a che fare con le questioni del libero arbitrio e del determinismo. I discorsi su questi argomenti sono completamente superflui per ciò che voglio dimostrare, o per qualsiasi altra cosa. Senza dare una risposta alla domanda se una persona possa o non possa agire come vuole (domanda, a mio parere, posta in modo errato), sto solo parlando del fatto che, poiché l'attività umana è determinata da cambiamenti appena appena nella coscienza (riconoscere o non riconoscere il cosiddetto libero arbitrio è la stessa cosa), bisogna stare particolarmente attenti allo stato in cui si manifestano questi cambiamenti appena appena, così come dobbiamo stare particolarmente attenti al peso che diamo alle cose. Bisogna, per quanto dipende da noi, cercare di mettere noi stessi e gli altri in condizioni tali da non compromettere la chiarezza e la sottigliezza del pensiero, necessarie per il corretto funzionamento della coscienza, invece di fare il contrario, cercando di complicare e confondere il lavoro della coscienza facendo uso di sostanze stupefacenti.

L'uomo, in fin dei conti, è un essere sia spirituale che animale. L'uomo può essere mosso influenzando il suo essere animale, e può essere mosso influenzando il suo essere spirituale. Proprio come l'orologio si può muovere grazie alle lancette e alla rotella principale. E come per l'orologio è più comodo muoversi attraverso il meccanismo interno, per una persona – sé stessa o un'altra – è più comodo muoversi attraverso la coscienza. E così come in un orologio bisogna soprattutto osservare ciò che è più comodo per muovere il meccanismo centrale, anche in una persona bisogna soprattutto osservare la purezza, la chiarezza della coscienza, mediante la quale è più comodo muovere la persona. È impossibile dubitarne, e tutti lo sanno; però si presenta il bisogno di ingannare sé stessi. Le persone non vogliono solo che la coscienza funzioni correttamente, ma che sembri che ciò che fanno sia giusto, e fanno consapevolmente uso di sostanze che impediscono alla coscienza di funzionare correttamente.

V

Non si beve e non si fuma così, per noia, per allegria, perché è bello, ma per soffocare la propria coscienza. E se è così, quanto devono essere disastrose le conseguenze! In effetti – pensiamo a come sarebbe quell'edificio costruito da persone che non usano la livella rigida che permetterebbe loro di livellare i muri, non la squadra ortogonale con cui individuerebbero gli angoli, ma che usano una livella molle che si piega secondo tutte le irregolarità della parete, con una squadra che si piega e si adatta ad ogni angolo, sia acuto che ottuso.

Dopotutto, drogandosi, si fa proprio questo nella vita. La vita non sottostà alla coscienza – è la coscienza che si piega alla vita. Questo succede nella vita dei singoli individui, e succede anche nella vita di tutta l'umanità, che è composta dalla vita dei singoli individui.

Per comprendere l'intero significato di tale smarrimento della propria coscienza, occorre che ogni persona ricordi bene il proprio stato d'animo in ogni periodo della propria vita. Ogni persona scoprirà che in ogni periodo della sua vita si è trovata di fronte a questioni morali che doveva risolvere, da cui dipendeva tutto il bene della sua vita. Per risolvere queste questioni è necessario un grande sforzo dell'attenzione. Questo sforzo dell'attenzione richiede fatica. E in ogni lavoro, soprattutto all'inizio, c'è un periodo in cui il lavoro sembra duro, doloroso, e la debolezza umana fa venire il desiderio di lasciarlo. Il lavoro fisico all'inizio sembra doloroso; ancora più doloroso è quello mentale. Come dice Lessing, le persone tendono a smettere di pensare quando il pensiero inizia a essere difficile, ed è allora che, aggiungo io, il pensiero inizia a essere fruttuoso. La persona sente che la soluzione alle questioni che ha davanti richiede una fatica tormentosa, spesso dolorosa, e vuole sbarazzarsi di questa fatica. Se non avesse mezzi interni per drogarsi, non sarebbe in grado di allontanare dalla propria coscienza le questioni che gli si pongono davanti e, volente o nolente, sarebbe costretto a risolverle. Ed ecco che la persona impara il mezzo per allontanare queste questioni quando si presentano, e lo usa. Non appena le questioni da risolvere iniziano a tormentarla, la persona ricorre a questi mezzi e si salva dall'angoscia causata da questioni fastidiose. La coscienza cessa di pretendere la loro risoluzione, e le questioni irrisolte rimangono irrisolte fino al successivo momento di lucidità. Ma al successivo momento di lucidità la cosa si ripete, e la persona continua a ritrovarsi davanti le stesse questioni morali per mesi, anni, a volte per tutta la vita, senza nemmeno avvicinarsi alla loro risoluzione. E invece, tutto il

movimento della vita consiste nella risoluzione delle questioni morali.
Si fa qualcosa di simile a quello che farebbe una persona che ha bisogno di vedere il fondo attraverso l'acqua torbida per trovare una perla preziosa, e che, non volendo entrare in acqua, la agita consapevolmente non appena inizia a calmarsi e a diventare trasparente. La persona che si droga, spesso resta immobile per tutta la vita sulla stessa visione del mondo, a volte condizionata, offuscata, contraddittoria, appoggiandosi a ogni successivo periodo di lucidità sullo stesso muro sul quale si appoggiava dieci-vent'anni prima e che non può essere abbattuto, perché la persona smussa consapevolmente quella

punta del pensiero che potrebbe abbatterlo.

Che ognuno si ricordi di sé nel periodo in cui beve e fuma, e che controlli lo stesso negli altri, e tutti vedranno una caratteristica costante che distingue le persone che si drogano da quelle che non lo fanno: più una persona si droga, più è moralmente immobile.

VI

Le conseguenze del consumo di oppio e hashish sono terribili per i singoli individui, così come ce le descrivono; ci sono familiari le terribili conseguenze sull'uso di alcol tra gli ubriachi; ma sono senza paragone più terribili le conseguenze per l'intera società, sono il consumo moderato, considerato innocuo, di vodka, vino, birra e tabacco, a cui la maggior parte delle persone, e soprattutto le cosiddette classi istruite del nostro mondo, si abbandonano. Queste conseguenze devono essere orribili se si riconosce qualcosa che non si può non riconoscere: che le attività direttive della società – le attività politiche, amministrative, scientifiche, letterarie, artistiche – sono prodotte principalmente da persone che non sono in uno stato normale, da persone ubriache. Di solito si presume che una persona che, come la maggior parte delle persone delle nostre classi abbienti, consuma bevande alcoliche a tutti i pasti, si ritrovi il giorno successivo, quando lavora, in uno stato del tutto normale e sobrio. Ma questo è completamente falso. Una persona che ha bevuto una bottiglia di vino, un bicchiere di vodka o due boccali di birra il giorno prima si trova in un comune stato di postumi di una sbornia o depressione a seguito dell'eccitazione, e quindi in uno stato di depressione mentale che viene ulteriormente intensificato dal

fumo. Affinché una persona che fuma e beve costantemente e con moderazione porti il cervello a uno stato normale deve stare almeno una settimana se non più senza bere e fumare. E questo non succede quasi mai.
Quindi, la maggior parte di tutto ciò che viene fatto nel nostro mondo, sia da persone che controllano e istruiscono gli altri, sia da persone che sono guidate e istruite, non accade in uno stato di sobrietà.
E che non venga preso per uno scherzo o un'esagerazione: la mostruosità e, soprattutto, l'insensatezza della nostra vita derivano principalmente dal costante stato di ebbrezza in cui si ritrova la maggior parte delle

persone. Se no non sarebbe possibile per le persone sobrie fare tranquillamente tutto ciò che viene fatto nel nostro mondo – dalla Torre Eiffel al servizio militare obbligatorio. Senza nessunissima necessità, si costituisce una società, si raccolgono capitali, le persone lavorano, calcolano, fanno progetti; milioni di giornate lavorative e pud[3] di ferro vengono sprecati per costruire la torre; e milioni di persone pensano che sia loro dovere salire su questa torre, rimanerci su per un po' e poi scendere; sia la costruzione che la visita a questa torre non suscitano nelle persone altro giudizio se non il desiderio e l'intenzione di costruire

---

[3] Unità di peso pari a 16,3 kg.

torri più alte altrove. Come potrebbero farlo persone sobrie? Oppure: tutte le nazioni europee sono impegnate da decenni nel trovare i mezzi migliori per uccidere le persone e per insegnare l'omicidio a tutti i giovani che raggiungono l'età adulta. Tutti sanno che non ci possono essere invasioni barbariche, che i preparativi per l'omicidio sono condotti da popoli cristiani civilizzati che si scontrano l'uno contro l'altro; tutti sanno che è pesante, doloroso, scomodo, rovinoso, immorale, empio e folle, e tutti si stanno preparando per l'omicidio reciproco: alcuni stanno inventando combinazioni politiche su chi è in alleanza con chi e chi ucciderà; altri – dando l'ordine a coloro che si preparano a uccidere, e altri ancora – sottomettendosi contro la volontà, contro la coscienza, contro la ragione a questi preparativi all'omicidio. Come potrebbero farlo persone sobrie? Solo persone ubriache, che non sono mai sobrie, possono fare queste cose e vivere in quella terribile contraddizione della vita e della coscienza nella quale non solo in questo, ma in tutti gli altri aspetti vivono le persone del nostro mondo.

Mai, mi sembra, le persone hanno vissuto in una contraddizione così evidente tra i dettami della coscienza e le azioni.

L'umanità del nostro tempo è decisamente rimasta impigliata in qualcosa. Sembra esserci qualche ragione esterna che impedisce di stare in una situazione consona alla propria coscienza. E questa ragione – se non l'unica, la principale – è quello stato fisico di stupore, in cui la stragrande maggioranza delle persone nel nostro mondo ricade con vino e tabacco.

La liberazione da questo terribile male costituirà un'epoca della vita umana, e questa epoca sembra stia arrivando. Il male è intenzionale. È già avvenuto un cambiamento di coscienza in relazione all'uso di sostanze stupefacenti, le persone hanno compreso il loro terribile danno e stanno iniziando a riconoscerlo, e questo cambiamento impercettibile di coscienza porterà inevitabilmente le persone ad abbandonare l'uso di sostanze stupefacenti. E la liberazione delle persone dall'uso di sostanze stupefacenti aprirà loro gli occhi ai dettami della propria coscienza, e vivranno la loro vita in armonia con la propria coscienza.

E sembra che questo processo sia già cominciato. E, come sempre, ha inizio dalle classi più alte, quando tutte le classi inferiori sono già infette.

10 giugno 1890

Dello stesso editore

Poesia

Osip Mandel'štàm, Pietra (edizione cartacea: La Vita Felice)
Osip Mandel'štàm, Tristia. Secondo libro (edizione cartacea: La Vita Felice)
Osip Mandel'štàm, Quaderni di Mosca (edizione cartacea: La Vita Felice)

Anna Achmàtova, Stormo bianco (edizione cartacea: La Vita Felice)
Anna Achmàtova, Rosario (edizione cartacea: La Vita Felice)
Anna Achmàtova, Sera (edizione cartacea: La Vita Felice)
Anna Achmàtova, Tutte le poesie

Marina Cvetàeva Mestiere (edizione cartacea: La Vita Felice)
Marina Cvetàeva Accampamento dei cigni-Separazione (edizione cartacea: La Vita Felice)
Marina Cvetàeva Verste. Poesie 1916-1920 (edizione cartacea: La Vita Felice)
Marina Cvetàeva È ora di spegner la lanterna. Ultime poesie 1936-1941

Aleksandr Blok Bolle di terra - Viola notturna - Maschera di neve
Aleksandr Blok Crocevia (edizione cartacea: La Vita Felice)
Aleksandr Blok Città (edizione cartacea: La Vita Felice)
Aleksandr Blok Poesie sulla bellissima dama
Aleksandr Blok Ante Lucem

Dino Campana Tutte le poesie
Vladìmir Majakovskij Tutte le poesie (1912-1930)
T.S.Eliot Canzone d'amore di J. Alfred Prufrock
Cantico dei cantici
Bruno Osimo Spazio intorno allo squalo

Bruno Osimo Poesie dall'ospedale psichiatrico
Bruno Osimo Poesie apocrife di Anna Ahmàtova
Bruno Osimo A Silva
Bruno Osimo Per tenerti la mano tra coyote e cinghiale
Bruno Osimo Sguardi rubati ; Gianpaolo Tescari
Bruno Osimo Bolle d'accompagnazione
Bruno Osimo Proposta sibillina
Bruno Osimo Ce l'hai scarico da un pezzo
Bruno Osimo Sei un vaso di fiori di campo
Bruno Osimo La scoiattola d'autunno

Semiotica

Bruno Osimo Semiotica semplice
Bruno Osimo Semiotics for Beginners
Bruno Osimo Semiotica per principianti
Lev Vygótskij, Pensiero e parola
Charles Sanders Peirce Filosofia della mente
Jurij Lotman Il testo nel testo
Jurij Lotman Le tre funzioni del testo
Jurij Lotman Autocomunicazione: «Io» e «Un altro» come destinatari
Jurij Lotman Le mie memorie 1922-1940
Jurij Lotman La semiosfera: culture
Jurij Lotman La cultura e l'intelligentnost'
Jurij Lotman Il ruolo dell'arte nella cultura
Jurij Lotman Asimmetria e dialogo
Jurij Lotman Il modello della struttura bilingue
Peeter Torop La semiotica della cultura. Introduzione alla scuola di Tartu fondata da Lotman.
Peeter Torop Biografia privata di Lotman attraverso gli autoritratti. Il discorso interno di uno studioso
Peeter Torop La transmedialità dell'autocomunicazione della cultura
Peeter Torop Sugli inizi della semiotica della cultura alla luce delle tesi della scuola di Tartu-Mosca

Opere di Gógol'

La lettera scomparsa

Notte di maggio ovvero L'annegata
La sera della vigilia di Ivàn Kupàla
La fiera di Soróčinci
Memorie di un pazzo

Opere di Solženìcyn

L'arresto. Vivere e morire ai tempi dei gulag
L'istruttoria. Torture, false confessioni, gulag
Storia delle fogne russe. Ondate di deportazione in gulag
La donna in lager. Vita quotidiana nei gulag

Opere di Čechov

Dùšečka
Zio Vanja
Tre sorelle
Il gabbiano
Il giardino dei ciliegi (L'amareneto)
L'insegnante di lettere
Dama con cagnolino: racconto
Casa con mezzanino (racconto di un pittore)
Racconto della signora X
L'isola di Sachalìn
La dacia nuova
A proposito dell'amore
I mužikì
Alle feste di Natale
Per affari di servizio
Nel baratro
Tre anni
Il duello
Ionyč: racconto
L'arciereo: racconto
La sposa: racconto
Kaštanka: racconto
Ragazzi: racconto
Principessa: racconto

Opere di Tolstój

Imparare a scrivere dai bambini
Infanzia
Non uccidere nessuno
Non posso stare zitto Contro la pena di morte
Su ciò che viene chiamato «arte»
Il Vangelo spiegato ai bambini
Il parassitismo
Sonata «Kreutzer»
Il desiderio sessuale
Religione e morale
Perché la gente si droga?
Perché non mangio la carne

Opere di Dostoevskij

Notti bianche
Memorie dal sottosuolo
Il villaggio di Stepànčikovo e i suoi abitanti

Opere di Leskóv

L'ebreo in Russia
Il pellegrino incantato. Il mancino
L'angelo sigillato. L'ebreo in Russia

Opere di Bulgàkov

Comune operaia № 13
Il mago nero
Ho ucciso e altri racconti

Opere di Pùškin

Evgénij Onégin

Fiabe popolari

Sivko-burko
Fiaba su Ivàn-zarévič, sull'uccello-brace e sul lupo grigio
Vasilìsa la bellissima. La sorellina volpina. Ivàn Zarévič

Sulla traduzione

Peeter Torop Total Translation
Vlahov Florin The Translation of Realia
B., S.A. Osimo Cognitive distortion, translation distortion, and poetic distortion as semiotic shifts
Bruno Osimo On Psychological Aspects of Translation
Bruno Osimo Literary translation and terminological precision: Chekhov and his short stories
Bruno Osimo Basic notions of Translation Theory
Bruno Osimo Translation Studies. Contributions from Eastern Europe
Bruno Osimo Handbook of Translation Studies
Bruno Osimo Juri Lotman's Translation Handbook
Bruno Osimo Dictionary of Translation Studies
Bruno Osimo History of Translation
Bruno Osimo Roman Jakobson's Translation Handbook
Bruno Osimo The Translation of Culture
Bruno Osimo Prototext-metatext translation shifts
Anton Popovič La scienza della traduzione
Peeter Torop La traduzione totale
Aleksandar Lûdskanov Un approccio semiotico alla traduzione
Vlahov Florin La traduzione dei realia
Revzin Rozencvejg Manuale di semiotica della traduzione
Jiří Levý La creatività linguistica e letteraria del traduttore
Jiří Levý Stile letterario e stile traduttivo. Come si forma il traduttese
Zuzana Jettmarová Teoria ceca della traduzione
B., S.A. Osimo Distorsione cognitiva, distorsione traduttiva e distorsione poetica come cambiamenti semiotici
Bruno Osimo Manuale del traduttore di Giacomo Leopardi
Bruno Osimo Peeter Torop per la scienza della traduzione

Bruno Osimo La traduzione totale. Spunti per lo sviluppo della scienza della traduzione
Bruno Osimo Teoria della mediazione linguistica
Bruno Osimo Traduzione come metafora, traduttore come antropologo
Bruno Osimo La memoria della cultura: traduzione e tradizione in Lotman
Bruno Osimo Traduzione e nuove tecnologie
Bruno Osimo Terminologia semiotica e scienza della traduzione
Bruno Osimo La lingua non salvata
Bruno Osimo Traduzione giuridica e scienza della traduzione
Bruno Osimo Traduzione della cultura
Bruno Osimo Traduzione letteraria e precisione terminologica
Bruno Osimo Traduzione e qualità
Bruno Osimo Traduzione: aspetti mentali
Bruno Osimo La traduzione totale di Peeter Torop

Fuori collana

Federico Bario Come batteva il tamburo
Aleksandr Ânov Le origini dell'autocrazia
Anatolij Rybakov Gli anni del grande terrore
Raffaello Giovagnoli Spartaco
Mihail Arcybašev Sangue
Mikhail Artsybashev Blood
Julija Voznesenskaja Decamerone delle donne
Solomon Volkov Pietroburgo. Storia culturale
Solomon Volkov Šostakovič e Stalin: l'artista e lo zar
Howard Rheingold Comunità virtuali
Bruno Osimo Il poeta in affari veniva da molto lontano
Bruno Osimo Esercizi di stile traduttivo
Bruno Osimo Melanzane dall'antipasto al dolce
Bruno Osimo Dizionario di psicoanalisi
Lucilla Porta, Una sorta di affetto. Romanzo
Tamara Nigi, Stazioni di transito. Haiku scritti sull'acqua
Poesia nascosta. Seicento ricette di cucina ebraica in Italia
Graziella Colonna, Memorie 1927-2024

www.ingramcontent.com/pod-product-compliance
Ingram Content Group UK Ltd.
Pitfield, Milton Keynes, MK11 3LW, UK
UKHW012252290726
14090UKWH00016B/611

9 788831 462273